10

Minhas histórias são suas histórias

LUCIANA SAVAGET

Minhas histórias são suas histórias

O que sentimos com o isolamento

Ilustrações de Olga Cuéllar

HarperCollins

Rio de Janeiro, 2021

Diretora editorial Raquel Cozer
Coordenadora editorial Malu Poleti
Editora Diana Szylit
Assistente editorial Chiara Provenza
Copidesque Erika Nakahata
Revisão Andréa Bruno
Capa e projeto gráfico Camila Cesarino Costa
Diagramação Camila Cesarino Costa e Mayara Menezes
Ilustrações de capa e miolo Olga Cuéllar

Dados Internacionais de Catalogação na Publicação (CIP)
Angélica Ilacqua CRB-8/7057

S277m Savaget, Luciana
Minhas histórias são suas histórias / Luciana Savaget. – Rio de Janeiro : HarperCollins, 2021.
96 p.

ISBN 978-65-5511-161-3

1. Literatura infantojuvenil – COVID-19 2. Crianças – Depoimentos – COVID-19 I. Título.

21-0874 CDD 028.5
CDU 087.5

HarperCollins Brasil é uma marca licenciada à Casa dos Livros Editora LTDA.

Rua da Quitanda, 86, sala 218 – Centro
Rio de Janeiro, RJ – CEP 20091-005
Tel.: (21) 3175-1030
www.harpercollins.com.br

AGRADECIMENTOS

Ana Lucia Antunes
Claudio Savaget
Elda Nogueira
Jehan Helou
Kika Freyre
Maria Cecilia Almeida e Silva
Maria Celestina Fernandes
Maria Clara Neto Andersson
Marion Lemonnier
Tiago Miguel Pereira Franco
Rita Cohen Wolf
Rossana Holanda
Cafe de Baucau
Centro de Aprendizagem e
Formação Escolar de Timor-Leste

"Você pode contar a sua história com imaginação. E, se a sua história criar asas e passar a pertencer a outras pessoas, talvez você não consiga trazê-la de volta."

Nelson Mandela

APRESENTAÇÃO

O planeta parou num piscar de olhos, exatamente como nos filmes de ficção científica. Um vírus invisível, indecifrável até então, sem cor, cheiro ou alguma forma que pudesse ser vista fora das lentes de um microscópio, nocauteou o mundo.

Fomos proibidos de apertar as mãos, de nos beijar, de nos abraçar, de nos tocar. Mas o nosso coração segue no mesmo compasso e descompasso de sempre. Onde quer que estejamos na esfera terrestre, continuamos sentindo alegrias, tristezas, saudades... Não importa em que idioma nos comunicamos, o nosso peito pulsa do mesmo modo, seja em Cabo Verde, na China, em Israel, na Itália, na França, na Suécia, na Colômbia ou no Brasil. Os seres humanos igualam-se em qualquer parte e linguagem.

Arregalei meus olhos ao ver o mundo perplexo diante de sua súbita parada. Este mundo de invencionices, de naves espaciais que foram conhecer as estrelas e de homens que já foram passear na Lua.

Dos computadores que movem carros, adivinham pensamentos, imitam gestos e, apesar disso, não conseguiram prever o surgimento de um vírus tão poderoso, capaz de fechar as fronteiras das nações e de matar centenas, milhares, milhões de pessoas de todos os cantos do planeta.

A palavra que me rege é "curiosidade". E, como jornalista e escritora de livros infantis, recorri aos amigos distantes, alguns fazedores de sonhos espalhados neste mundão, professores que tive a oportunidade de conhecer pelas andanças literárias e jornalísticas. Acolhi depoimentos de crianças de vários lugares sobre suas apreensões em relação ao coronavírus.

O que elas sentiram quando o mundo parou? Como será o nosso futuro?

Eu, que tive e tenho muito medo, percebi que não estou sozinha. Minhas histórias também são suas histórias.

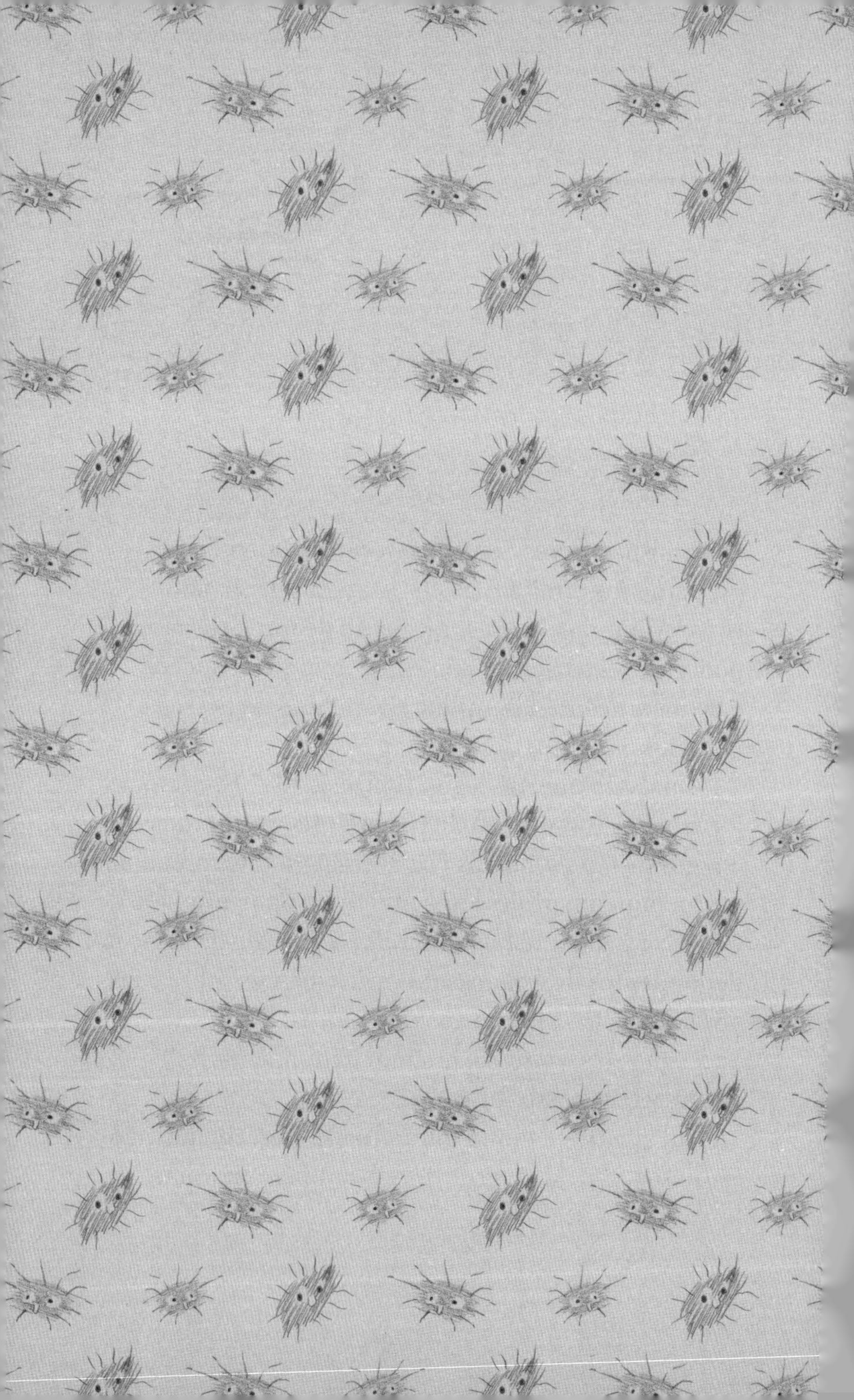

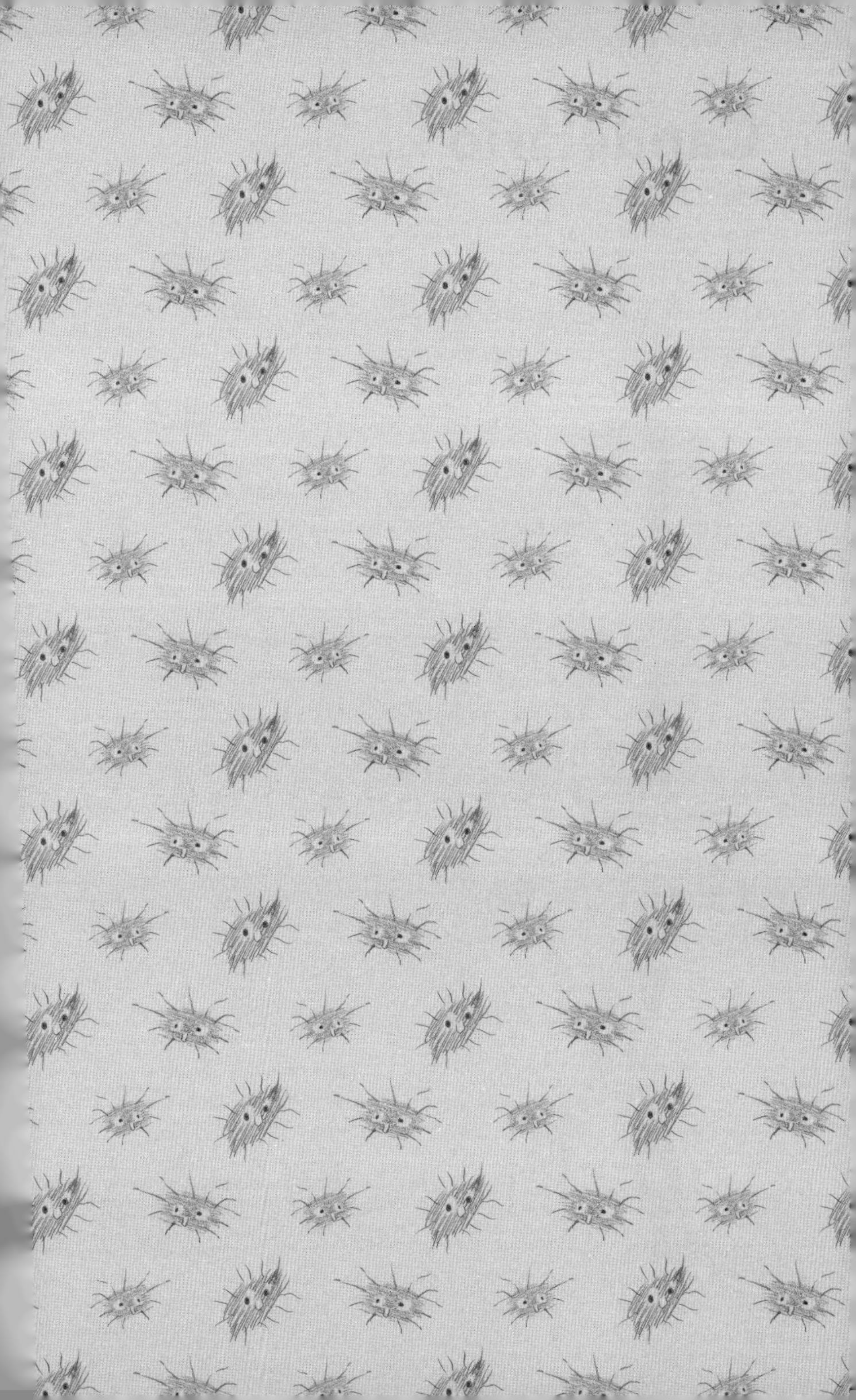

Candelário [8 ANOS]

Medellín, Colômbia

14 DE JUNHO DE 2020

O nome Candelário foi uma promessa da mãe à Nossa Senhora da Candelária, padroeira de Medellín. Ele mora na Comuna 13, um dos lugares que, nos anos 1990, se tornaram conhecidos como redutos do narcotráfico na Colômbia. Para ajudar nas despesas de casa, Candelário vende doces na entrada da comunidade. Seu passatempo predileto é a leitura e ele sonha em virar um jogador de futebol famoso.

“Quando fecharam a escola, eu fiquei muito triste. A professora falou que era por causa de um vírus que estava matando as pessoas do mundo inteiro. Eu tive medo porque ela disse que era perigoso e que as pessoas mais velhas podiam morrer. Pensei na minha avó, que é velhinha e mora na minha casa. Depois distribuíram máscaras, e eu me senti um super-herói que ia enfrentar o poderoso vírus e tinha muitos poderes. Minha mãe fez várias máscaras coloridas pra todos os vizinhos. Coloquei uma capa e fui vender doces na estação. Foi divertido. Achei que tudo era brincadeira da professora, que tinham antecipado as férias, porque a minha rotina de ir vender os doces continuava e os turistas não paravam de visitar a Comuna. Então, eu vi na televisão que o mundo tinha parado e comecei a sentir muito medo da invasão do vírus na Comuna 13.

Depois que isso passar, vou continuar sendo o super-herói Candelário. A minha mãe disse que sim. O vírus matou muita gente, é muito triste.”

Pietro [12 ANOS]

Florença, Itália

25 DE SETEMBRO DE 2020

Pietro prefere a quietude e a companhia dos seus livros. É bastante criativo, original, intuitivo. Coleciona mapas-múndi e gosta muito de geografia e história. Sua mãe é brasileira e seu pai, italiano. Viveu em Alexandria, no Egito, e fala um pouco de português. Tem muita dúvida sobre o que quer ser quando crescer: "O futuro é o futuro".

"Fiquei três meses sem sair de casa, só podia ir até o portão do prédio. Conversava com meus colegas apenas por telefone. Foi uma experiência interessante, aprendemos a fazer coisas novas em casa. Tudo é diferente. Tenho aulas on-line, e os deveres de casa são escritos pelos professores na plataforma eletrônica.

Aqui as pessoas não desistem, dizem que somos fortes e vamos derrotar esta guerra. Fico feliz que as pessoas pensem assim. Ficar em casa é muito entediante, mas sei que tudo vai passar e voltaremos à normalidade.

O coronavírus para mim é como um inimigo, muito mau e cruel.

Agradeço aos médicos que todos os dias arriscam suas vidas pelos outros e fazem hora extra. Desejo que todas as doenças tenham cura, e que todas as pessoas que vivem em países mais pobres consigam tratamentos públicos gratuitos."

Léon [10 ANOS]

Honfleur, França

3 DE JUNHO DE 2020

A cidadezinha de Léon é perto das praias onde as tropas norte-americanas desembarcaram na Segunda Guerra Mundial. Talvez venha daí o seu gosto por história e tudo o que seja relacionado ao Grande Conflito. Sua diversão são os livros e a música. Ele até participou do videoclipe da cantora britânica Tara McDonald para a campanha "Fique em casa", em parceria com o Fundo das Nações Unidas para a Infância (Unicef).

"O coronavírus, para mim, é uma doença... como vou dizer...? é uma doença que se pega tossindo em alguém. Se fosse um animal, seria um tigre que olha para a gazela, porque o tigre se esconde no mato, a gente não vê, igual ao vírus.

Em alguns momentos fiquei entediado, brinquei com jogos de tabuleiros, com Lego e usei um pouco de *tablet*. Joguei muito *Star Wars*. Cozinhei um pouco também, fizemos biscoito. Delícia!

Se eu pudesse mudar o mundo, eu traria a igualdade e diria que o dinheiro seria dividido da mesma forma pra todas as pessoas. E usaria robôs para substituir alguns trabalhos muito difíceis."

Virgílio [9 ANOS]

Rio de Janeiro (RJ), Brasil

14 DE MAIO DE 2020

Virgílio vive com a mãe e o irmão no Complexo do Alemão. Estuda em uma escola pública, não tem aulas on-line nem computador em casa. O celular é o que o mantém conectado com o resto do mundo. É flamenguista e sonha em ser cantor de música sertaneja.

“Eu não sei o que esse vírus é. Não sei a forma que ele tem. Já me disseram que é verde, a minha mãe diz que é colorido. Acho que é vermelho e que entrou no coração do meu avô, e nunca mais vou poder rir das suas piadas.”

"Vou mudar o meu nome para Vento. Quero ter o poder de soprar a Covid para bem longe das pessoas.

Nessa pandemia, tenho feito um monte de coisas em casa. Vejo desenhos na tevê, brinco de bicicleta, ajudo meu pai a trabalhar, às vezes a minha mãe, e mais importante, faço as atividades da escola. Com o meu novo nome, ganharei força para sempre assoprar o vírus para bem longe."

Pedro Henrique [7 ANOS]

Petrópolis (RJ), Brasil

31 DE JULHO DE 2020

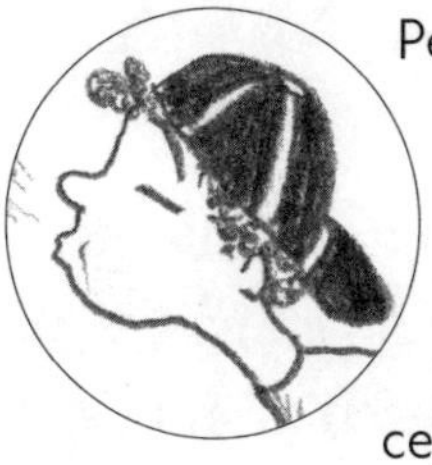

Pedro é falante e curioso, além de ter muito jeito para pintura e marcenaria. É o caçula de uma família com quatro irmãos. Como na casa não há computador, o jeito foi estudar pelo celular da mãe.

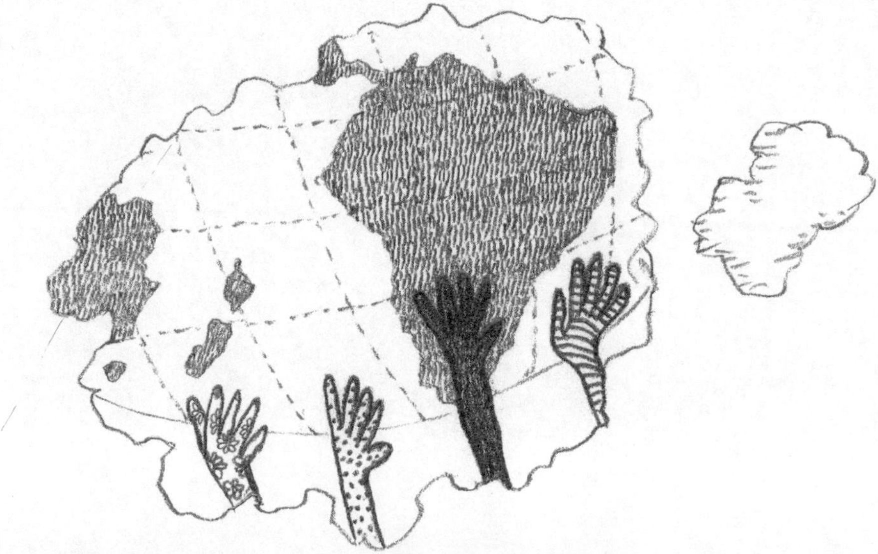

Diogo tem dez irmãos e estuda em uma escola pública perto da sua casa, no Complexo da Maré, onde seu pai é líder comunitário. A região onde mora é bastante violenta, e ele diz estar acostumado a barulhos de tiroteio: "É normal!".

"Muita gente está morrendo, é bem triste.

Ficar sem sair é chato, a gente não consegue ver os amigos, tem que fazer trabalho escolar em casa. No colégio a gente fica mais concentrado e aprende bem mais.

Tenho jogado videogame, assistido séries e, como minha mãe diz, comido muito.

Meu sonho é encontrar a cura de doenças que causam problemas à humanidade. E um jeito de ter mais igualdade nas escolas: as escolas particulares

Diogo [13 ANOS]

Rio de Janeiro (RJ), Brasil

19 DE MAIO DE 2020

dão aulas on-line, enquanto as públicas não, só nos mandam fazer trabalhos, o que não ajuda tanto.

E sonho que tenha menos diferenças sociais entre as pessoas. Por exemplo: pessoas que estão desempregadas, não é que não gostam de trabalhar, mas não têm oportunidade de trabalho. Tem pessoas que são negras e o cara que vai contratar é branco e preconceituoso, ou a pessoa é gay e quem vai contratar é homofóbico ou é racista também... Quando eu crescer, vou mudar tudo isso."

Farah [12 ANOS]

Faixa de Gaza, Palestina

10 DE JUNHO DE 2020

Farah mora com os pais e os irmãos em uma pequena casa de um cômodo só. Sua única diversão era soltar pipas com os amigos. Sem poder sair de casa, tem se sentido bastante solitária.

“Eu me sinto muito triste porque todos os lugares estão fechados.

Não posso ir ao colégio; o mercado, os negócios, até a loja que vende algodão-doce está fechada. Fico infeliz quando falo com a vizinha Dana pela janela: ela diz que está feliz porque tem internet para conversar com as amigas. Eu queria que esse vírus tivesse piedade de mim, da minha escola e dos meus amigos. Mas gostei quando anunciaram que a escola será reaberta em agosto. Em breve verei meu querido amigo Hassan.”

Dolores [13 ANOS]

Rosario, Argentina

10 DE OUTUBRO DE 2020

Dolores é a mais velha de uma família com três irmãos. Os tios e os primos vivem todos juntos em um prédio que foi construído pelo avô em uma famosa rua arborizada, a Boulevard Oroño.

“De dois em dois meses nós íamos a Buenos Aires para visitar a minha avó, que está com 82 anos. E nossa família tem uma casa no balneário La Florida, onde nos banhamos no rio, é uma delícia.

Com a pandemia, nunca mais fomos a Buenos Aires nem a La Florida. Eu morro de saudade dos meus amigos, dos banhos de ducha, de andar de caiaque. Estou em casa há mais de seis meses. Estudo pelo computador e nem sequer tenho ido brincar com Juaniquito, meu primo, que mora lá em cima. Ele pegou esse vírus. Mamãe nos proibiu de circular pelas escadas.

A minha avó quase morreu, chegou a ficar internada. Mas, graças à Nossa Senhora de Luján, ela já está bem.

No começo ficar em casa foi divertido, agora já não aguento mais. Estou escrevendo um diário e quero publicar na internet depois. Quero que fique como registro para as futuras gerações.

Quando eu crescer vou ser médica. Vou me dedicar ao estudo de uma vacina mais eficaz que todas. Espero que nunca mais ninguém passe pelo que estamos passando."

Marcos [9 ANOS]

Porto Alegre (RS), Brasil

15 DE MARÇO DE 2021

A grande diversão de Marcos é jogar videogame com os amigos da escola. Quando crescer, ele quer ser cientista para estudar o universo e um dia conhecer outros planetas de perto.

"Deus é o meu coração. E ele está dentro de todo mundo. Até dentro do mato se escuta o barulho de Deus. Ultimamente o meu coração está acelerado demais, acho que é porque Deus está cansado de tanto trabalhar. Porque todos os corações estão muito apressados para que passe logo a saudade, o medo, a vontade de se abraçar. Eu peço a Deus que ajude a acabar logo com essas notícias tristes do coronavírus. Não aguento mais."

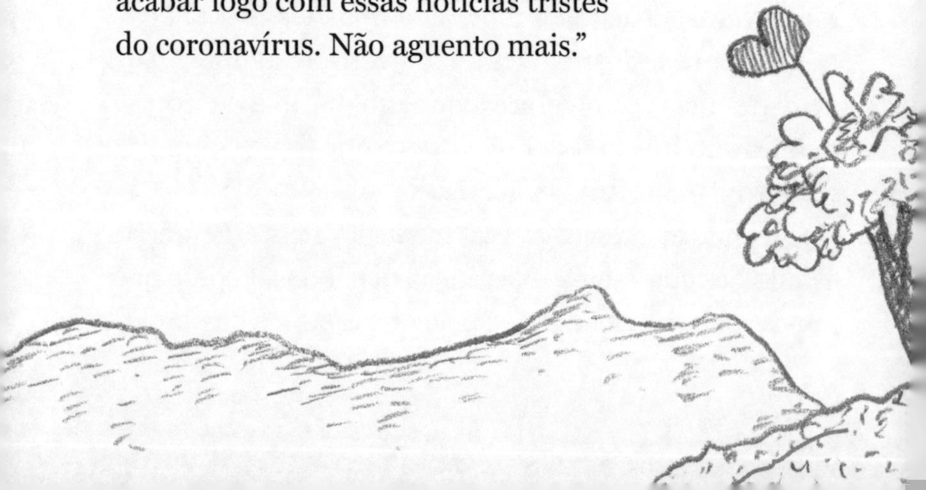

Fernando [6 ANOS]
Maria Luísa [4 ANOS]

Praia, Cabo Verde

14 DE MAIO DE 2020

Fernando e Maria Luísa são irmãos e vivem em um país da África Ocidental formado por dez ilhas e cinco ilhotas. A mãe, Kika Freyre, é escritora e contadora de histórias. Os dois adoram ler e desenhar.

1 **Fernando:** "O mundo está triste, sem ninguém lá fora. A gente não pode ir brincar no parque e os cachorros da rua têm fome porque ninguém dá comida pra eles."

2 **Maria Luísa:** "Estou aqui pensando e acho que o mundo não está tão, tão parado. Olha só, as nossas plantinhas estão crescendo, a nossa couve já virou uma floresta e o cacto já teve filhotes só nestes dias em casa por conta da Covid-19. Mas concordo com Fefê, o mundo está triste, sim."

3 **Fernando:** "O vírus é vermelho e redondo, cheio de pontinhos. Entra pela boca da pessoa e ela fica doente. Tem gente que fica pouco doente e tem gente que fica muito doente e vai para o hospital e a mãe fica lá junto, de máscara."

4 **Maria Luísa:** "É um bichinho que tem formato de coroa, por isso se chama coronavírus. Ele pega pessoas sem elas verem. Mas ele não entra na casa, fica lá fora com os sapatos. E, se ele conseguir entrar, cai no buraco quando a pessoa lava as mãos com bastante sabão. Assim as pessoas não ficam doentes."

Quon [9 ANOS]

Guangdong, China

2 DE ABRIL DE 2020

Quon gosta muito do lugar onde mora. Acredita viver em um mundo futurista, onde uma torre de televisão local é um arranha-céu igual a uma fina ampulheta retorcida, que fica iluminado à noite com as cores do arco-íris.

"Meu pai falou que meu nome quer dizer 'brilhante'. Eu preferiria que não tivesse esse significado porque brilhante pra mim é esse vírus. Tenho certeza que ele é prateado como um meteoro e vem de outro planeta. Até pesquisei se ele veio de Marte e desceu por uma nave espacial, daquelas iguais aos meus jogos.

Na primeira semana eu não tive medo, na segunda, mais ou menos, e na terceira não consegui respirar achando que esse bicho ia entrar pelo nariz, pra dentro de mim. Minha mãe colocou um pano na porta para que nada entrasse pela brecha. Meu pai recebeu ordens de não sair de casa.

Um dia eu fiquei imóvel na cama, imaginando que, se eu me mexesse, o vírus ia descobrir onde eu estava. Fiquei com muito medo. Minha professora me acalmou. Agora parece que esse bicho cansou do meu país e está visitando outros lugares.

Não sei como vai ser a minha vida daqui pra frente. Eu ainda não sinto vontade de sair de casa, e o avô do Chang, meu amigo, foi para o hospital e nunca mais voltou. A mãe dele disse que ele foi viajar, mas eu acho que morreu."

Catarina [8 ANOS]

Rio de Janeiro (RJ), Brasil

21 DE JULHO DE 2020

Tatá adora ler, escrever e ilustrar suas próprias histórias. Admira a artista plástica Frida Kahlo e a ativista Malala Yousafzai — “que defende as escolas”. Costuma dizer que toda criança é uma artista.

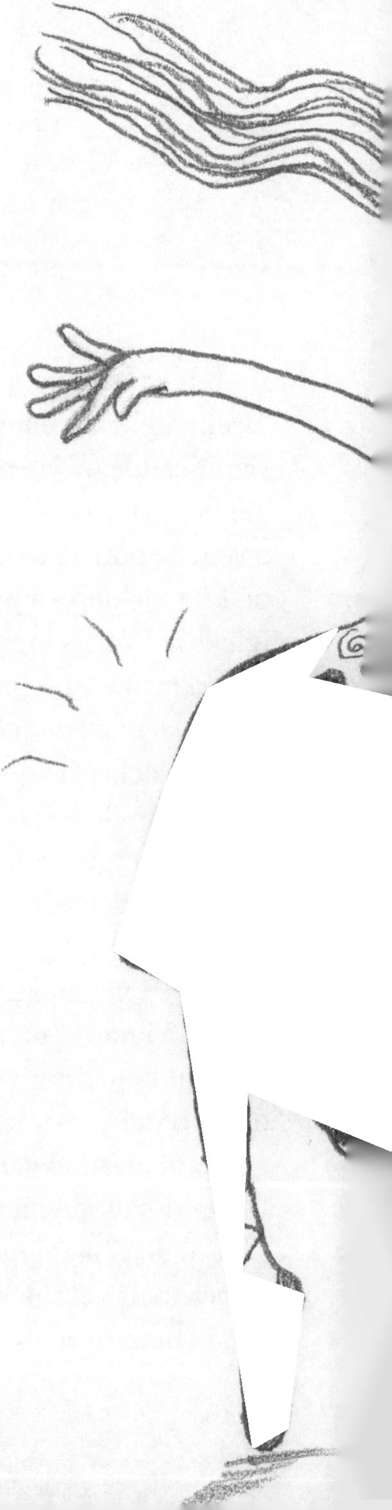

“Eu estou com muita saudade de todo mundo. Quero conhecer pessoalmente as pessoas que conheci nessa pandemia.

Antes da quarentena eu fazia muitas atividades, era bem acelerada. Tinha aula de circo, balé, aulas de educação física. E não tinha tempo para fazer tudo que eu gostava. Agora, como estou tendo tempo, eu desenho, leio, faço conteúdos para o meu Instagram, falo

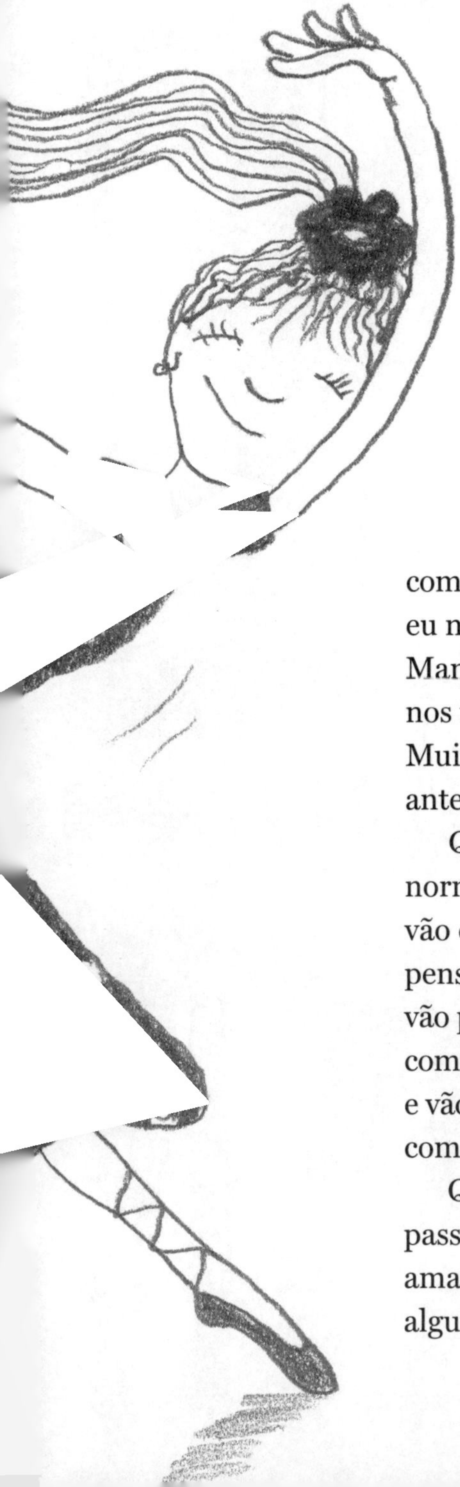

com as minhas amigas. Antes eu não podia conversar com a Manu por muito tempo, agora nos falamos pelo computador. Muita coisa que eu não fazia antes, agora eu posso fazer.

Quando o mundo voltar ao normal, eu acho que as pessoas vão continuar como eram, sem pensar na saúde dos outros. Só vão pensar nelas mesmas, só vão comprar coisas pra elas mesmas, e vão deixar o nosso planeta mal como ele está agora.

Quero que as pessoas passem mais tempo com quem amam, antes que aconteça alguma coisa."

Abdullah

[13 ANOS]

Faixa de Gaza, Palestina

2 DE JULHO DE 2020

Abdullah mora em um lugar onde, segundo ele, não há infância, e sua única diversão, que é jogar futebol, foi suspensa durante a pandemia.

"Minha família é muito grande. O meu pai é o único que trabalha. Mesmo antes do coronavírus, meu pai mal conseguia nosso pão diário e vendia tremoços de casa em casa.

Quando o bloqueio foi anunciado, ouvi meu pai e minha mãe conversando sobre como iríamos comer e beber, sem trabalho e sem poder sair pra rua. Eu dei a eles uma boa notícia: ouvi pelo rádio que o governo ia distribuir o necessário para as famílias durante o confinamento. Minha mãe e meu pai riram, e não foi um riso feliz. Minha mãe disse que estamos sitiados e sofrendo fome e tragédia há muito tempo, e ninguém nos ajudou, ninguém pode nos socorrer.

Fiquei bastante triste, mas meu pai contou que ainda temos um saldo no cartão de assistência dos refugiados e vamos economizar na comida.

Colocamos em frente de casa uma mesinha para vender tremoços e limpamos bem todas as nossas coisas. Mas bem pouca gente comprou, ninguém sai de casa.

Apesar de tudo, não podemos deixar de agradecer a Deus."

Fadir [10 ANOS]

Nablus, Palestina

10 DE JUNHO DE 2020

Os pais de Fadir são educadores e trabalham em uma escola na Cidade de Gaza, na fronteira entre o Egito e Israel. A experiência da mãe em dar aulas facilitou muito o estudo do filho.

"Quando começou o bloqueio, a minha mãe estava gravando vídeos educacionais. Ela explicava as lições que perdíamos na escola.

Depois que terminávamos os deveres escolares, ficávamos entediados, mas seguimos as instruções sobre como gastar nosso tempo livre. Então, pratiquei esportes, ajudei minha mãe nas tarefas domésticas, desenhei e li histórias que recebemos em casa da bibliotecária. Agora que eu descobri a leitura, estou feliz. Amo ler mais do que antes!"

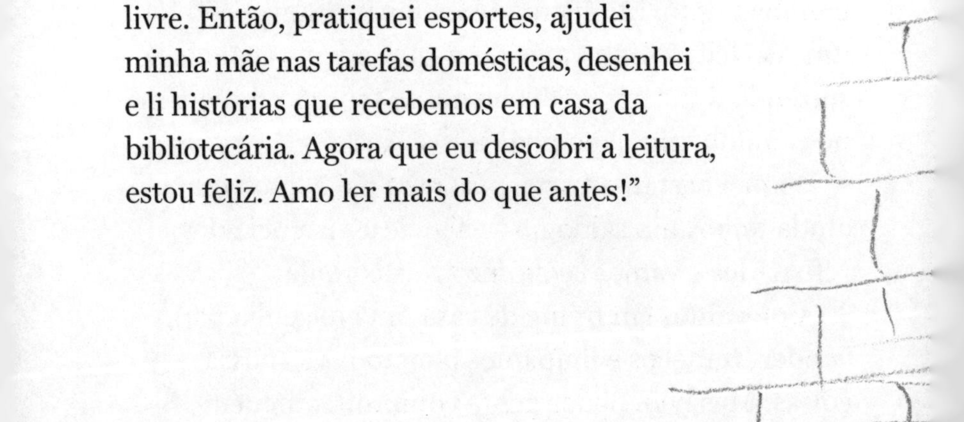

Virgínia vive na periferia de Luanda com a família. Seu avô morreu na recente guerra angolana pela independência. Seu pai abandonou a família. Ela ajuda a mãe nos trabalhos domésticos e sonha em ser cantora de rádio quando crescer.

"Colher jasmim, fazer poesia com todas as letras. Contar estrelas, saudar a vida... Adoro cantar e criar versos. Com a música eu posso tocar no coração de todas as pessoas e consigo transmitir tudo que sinto e penso. Consigo mostrar como sinto o mundo. Eu quero que a minha voz traga mais igualdade. Que nada nos faça perder as forças, que a liberdade seja a nossa própria substância.

Já sofri muito. Agora que descobri a música sou igual aos passarinhos, nada me atinge. O vírus nos isolou, mas não mudamos tanto a nossa vida. Alguns vizinhos tiveram que ir para o centro de quarentena do governo. As aulas foram suspensas. Mas eu continuei ajudando a minha família em casa, e à noite nos reuníamos para cantar.

Espero que o futuro seja mais suave que o presente, com mais justiça e menos pobreza para todos nós. Eu nunca brinquei muito — para dizer a verdade, o que me preocupa é saber como vai ser a minha velhice."

Virgínia

[13 ANOS]

Luanda, Angola

10 DE JUNHO DE 2020

Genna [13 ANOS]

Florença, Itália

12 DE ABRIL DE 2020

Genna é a mais velha de três irmãos. Fala fluentemente português, italiano e árabe. Seu maior sonho é ser desenhista. Adora traços de estilo japonês e se interessa por artes plásticas desde pequena.

"Esse período em casa tem sido bom. Uma experiência diferente. Mas não posso esperar muito do futuro. O mundo vai piorar. A economia vai se desestabilizar e vamos ter que descobrir novas formas de vida.

Quando a escola fechou, parte de mim ficou feliz por matar aula. Me perguntei quanto tempo a quarentena duraria — quarentena é o 'antivírus'. Comecei a relaxar. Mas aí a escola adicionou a videoaula.

No início achei tranquilo, mas logo comecei a me estressar, a sentir falta dos meus amigos, que são uma família para mim, e dos meus parentes. Senti e sinto muita falta de pessoas.

Durante o dia, desenho, assisto tevê e jogo *frisbee* com minha irmã no jardim. E estou começando a praticá-lo bem!

Mas a cada minuto, hora, dia, semana que passa fico mais deprimida. Parece estranho, mas tenho um grande desejo de voltar para a escola!

Quem sabe quando tudo vai acabar? Quando poderemos nos abraçar, ver nossa família novamente, explorar o mundo?

Espero que em breve!"

Natali

[10 ANOS]

Belém (PA), Brasil

14 DE AGOSTO
DE 2020

Natali é descendente de índios mundurucus. Nasceu na cidade de Alter do Chão, à margem do rio Tapajós. Ainda pequenininha foi morar, com a mãe, em Belém. Adora árvores gigantes, como as sumaúmas, e cheiro de mato molhado. Seu sonho é morar na Floresta Nacional do Tapajós, onde vivem os seus tios.

"Era uma vez um gigante que pisou no mundo e amassou as pessoas. Ele era grande e tinha tentáculos. Forte como o dragão e mau, muito mau. Meu amigo disse que ele veio das profundezas do céu. Mas tenho certeza que ele brotou do fundo da terra.

Por causa desse monstro, as pessoas não foram mais para as ruas. Tivemos que usar máscara para nos proteger do seu veneno avassalador. Eu fico rindo baixo com a minha irmã, para ele não escutar e descobrir onde estamos. Ele é devastador. Com o meu escudo de superpoderes, ninguém acredita, mas eu vou dominá-lo. Quando esse monstro invisível for destruído, eu vou voltar a morar em Alter do Chão e todos os dias vou tomar banho no rio Tapajós e passear de canoa.

O que vai salvar o mundo são as sementes da floresta. Eu conheço todos os caminhos das raízes das árvores que meu pai plantou. Queria que os homens não destruíssem as florestas. Nem os animais e as plantas que vão salvar o mundo."

Johan [12 ANOS]

Gotemburgo, Suécia

8 DE JUNHO DE 2020

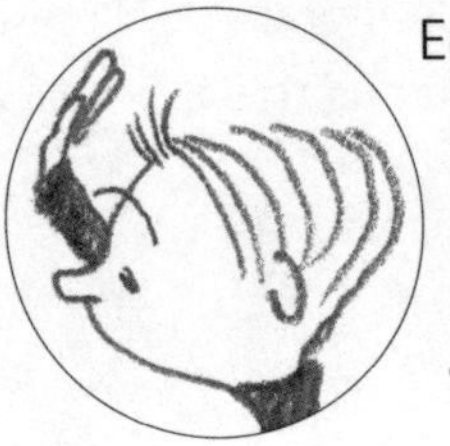

Embora more na Suécia, Johan, que é filho de uma brasileira, está atento a todas as notícias do Brasil. Ele fala português fluentemente e é apaixonado por ginástica olímpica.

"Eu não vivi nenhuma mudança: todas as escolas funcionam, os meus treinos de ginástica olímpica acontecem normalmente, só não podemos ficar em grupos.

Esse vírus é cruel, perigoso, traz muito sentimento de tristeza e morte. Eu acho que ele se parece com uma cobra. Ele vai ficar no nosso mundo até que algum dia a gente possa encontrar a cura, uma vacina, e talvez sair fique um pouco menos perigoso.

Se eu pudesse, mudaria muito o mundo. Acabaria com todas as guerras, essa pobreza que a gente tem no mundo. Eu daria a todas as crianças pobres direito a dinheiro, uma casa, uma cama, escola, comida.

Evitem encontros e reuniões sociais, evitem festas. Usem máscaras e sigam as orientações, e aí tudo vai ficar bem. Nós somos mais fortes juntos."

“Antes eu podia ir a alguns lugares, viajar pra praia, ver meus amigos da escola, não precisava usar máscara. Agora a minha mãe manda colocar álcool em gel a toda hora, o bom é que eu gosto do meladinho do gel.

O que eu quero é construir um robô pra ser meu amigo e poder brincar com ele. Ele também vai me ajudar.

Quando eu tiver 15 anos, vou conhecer a Disney e escolher um robozinho na seção do *Star Wars*. Quero um do tamanho de uma bola de futebol.

Se eu pudesse mudar o mundo, acabaria com a poluição e proibiria o crime.”

Waldemar [8 ANOS]

Rio de Janeiro (RJ), Brasil

4 DE JUNHO DE 2020

Waldemarzinho conversa com todo mundo e ajuda os pais a vender refrigerantes e água de coco na lagoa Rodrigo de Freitas. Gosta de futebol, de fogos de festa junina e ama desenhar.

Emma [11 ANOS]

Florença, Itália

14 DE ABRIL DE 2020

Assim como Pietro, Genna e Iara (que aparece algumas páginas adiante), Emma mora em uma das cidades mais lindas da Itália. Vive com os pais e o irmão mais novo. É ótima aluna e adora ler e escrever.

"Estávamos na escola e tínhamos uma excursão para Milão marcada quando veio a notícia de que não poderíamos mais sair de casa. Toda nossa alegria foi embora como uma pena ao vento.

O coronavírus afeta o sistema respiratório e, nos casos mais graves, pode levar à morte. No noticiário só se fala dos infectados.

No começo a gente gostou da ideia de ter mais tempo para se divertir, não imaginava quantos dias isso poderia durar. Todas as noites, cantávamos músicas como 'Bella ciao' na varanda, para nos sentirmos mais unidos. Mas os dias passaram e tudo foi ficando mais monótono. O desejo de sair, ir ao parque, tomar sorvete com os amigos e a família cresceu cada vez mais.

Foi então que as aulas on-line começaram. Ficamos felizes em rever nossos amigos e professores, mas queríamos nos olhar cara a cara, não pelo computador. Sinto falta de sair de casa.

E tem outra coisa que eu não gosto: toda vez que ouve coronavírus, a minha mãe diz: 'Minha nossa, que tragédia!'.

Noor [13 ANOS]

Faixa de Gaza, Palestina

19 DE JULHO DE 2020

Noor escreve, desenha e recita poemas. Tem três sonhos: que a vida volte ao normal, que ele possa conhecer outros países e que o conflito entre Israel e Palestina acabe logo.

"Por causa do coronavírus, eu senti mais a presença do meu pai. Ele cuida de todas as nossas necessidades e passa muito tempo cansado, trabalhando demais, para prover nossa comida nessas circunstâncias difíceis em Gaza.

Durante o confinamento, percebi como ele é legal e o quanto está perto de mim. Comecei a passar mais tempo com ele. Antes ele era muito ausente. Ele começou a nos ajudar nos afazeres domésticos, também desenha comigo, dança e brinca com meus brinquedos.

Como está estranho este mundo! Espero que algo ruim se transforme em coisa boa."

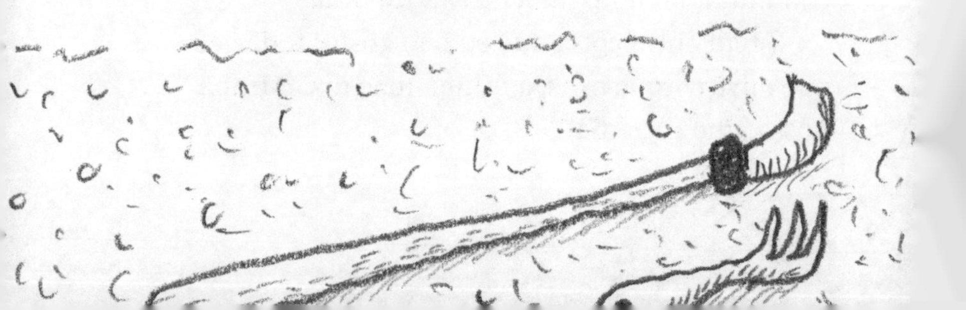

Felicia [12 ANOS]

Gotemburgo, Suécia

7 DE JUNHO DE 2020

A cidade onde Felicia mora abriga o maior porto da Escandinávia. A menina está sempre atenta a todas as notícias sobre guerras e racismo, estuda espanhol e tem muita vontade de conhecer a América Latina.

“Acho horrível que esse vírus tenha aparecido. Não posso encontrar meus avós por causa disso. Espero que descubram uma vacina contra ele.

Para mim, esse vírus é um rato. Eu não gosto de ratos.”

Maria da Conceição

[12 ANOS]

Tomar, Portugal

21 DE AGOSTO DE 2020

Filha de bordadeira, Maria da Conceição vive com a mãe e a avó em Tomar, também conhecida como a Cidade dos Templários. Cresceu escutando histórias de fadas e bruxas em meio a homens de armadura medieval e hoje se preocupa com a natureza.

"Antes de o coronavírus chegar, eu pedalava alguns quilômetros para chegar à escola. Depois, as escolas fecharam.

O pior foi ficar isolada em casa, mas de alguma maneira eu gostei. Minha mãe me deu mais atenção e não me deixava ficar muito tempo no celular conversando com as minhas amigas. A professora vinha de vez em quando aqui na rua para conferir se as nossas tarefas estavam sendo feitas direitinho ou se tínhamos alguma dúvida.

Aprendi a não me lastimar. O mundo vai mudar, como já mudaram os meus hábitos e a vida da minha mãe e da minha avó, que foi proibida de ir à casa da Eulália, nossa vizinha. A mamãe tem me ensinado novos pontos de bordado. Quando o mundo voltar a caminhar, vou fazer bordados para os enxovais das noivas de Tomar.

Eu quero colorir o mundo para trazer alegria pra todo mundo. O planeta está muito triste. As pessoas estão sem cor. Vou criar uma fábrica de bordados quando eu crescer. Vai ser gigante, e eu vou exportar vestidos para todas as noivas de Portugal."

"Para mim, se esse vírus fosse um animal, seria uma pulga. Se eu tivesse que usar roupas de proteção para ajudar contra o coronavírus, eu usaria um traje do Homem de Ferro.

Eu estou aflito com o que está acontecendo com o mundo e também entediado. O coronavírus mata as pessoas e deixa a vida delas parada. Não consigo sair, não converso mais com os meus amigos, mas por outro lado está sendo bom, porque consigo ficar com a minha mãe, com a minha família.

Aqui em casa brinco muito, gravo vídeos para meu canal do YouTube, "Fazendo arte com Miguel", e crio filmes imaginários com o meu pai. Também estudo.

Para transformar o mundo, seria melhor combater o preconceito e o desmatamento."

Miguel tem três desejos: quer ser compositor (já até compôs quatro músicas), criar desenhos animados e ser um escritor de sucesso. Ele é antenado com as questões da política brasileira e corre atrás de seus sonhos, produzindo atividades artísticas em um canal da internet.

Miguel

[7 ANOS]

Rio de Janeiro (RJ), Brasil

16 DE MAIO DE 2020

Renolito [11 ANOS]

Ainaro, Timor-Leste

10 DE AGOSTO DE 2020

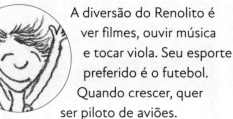

A diversão do Renolito é ver filmes, ouvir música e tocar viola. Seu esporte preferido é o futebol. Quando crescer, quer ser piloto de aviões.

"Gosto de brincar e estudar com os meus amigos. Aqui em Ainaro nós nos divertimos na rua, gostamos de correr pelos caminhos e subir nas árvores.

No comecinho da pandemia do corona, ficamos mais dentro de casa, usamos máscaras, mas depois tudo voltou ao normal. A escola fechou, mas logo abriu.

Por causa do distanciamento social, algumas coisas mudaram, há menos alunos por turma.

Eu quero para o meu futuro que as pessoas possam ser mais amigas e que não existam mais doenças."

Atanásio

[11 ANOS]

Ainaro, Timor-Leste

2 DE AGOSTO DE 2020

Atanásio gosta de jogar bola e de ganhar presentes. Ele mora perto da montanha mais alta de Timor-Leste, o monte Ramelau, e não trocaria o lugar onde vive por nenhum outro do mundo: "O Timor é o paraíso do céu na terra". Quer ser militar da Marinha, assim como o pai.

"Gosto de falar com os meus amigos e de brincar com elástico. E também gosto de estudar, porque um dia eu quero ser médico.

Por causa do corona, houve um estado de emergência durante três meses. No começo, não saíamos de casa, mas depois de alguns meses tudo voltou ao normal.

Eu vou lutar para que o mundo não tenha mais fome, nem frio e nem doenças. Quando for médico, vou ajudar o Timor a ser um grande país."

Agatha [10 ANOS]

Petropólis (RJ), Brasil

28 DE SETEMBRO DE 2020

Agatha já leu tantos livros que se sente personagem deles. Tem certeza de que possui poderes para mudar o mundo e acabar com a pandemia.

"Eu sou a Capitã Cura e o meu poder é curar pessoas com doenças. Neste momento, estou fazendo de tudo para curar as pessoas que pegaram a doença da Covid-19. Vou dedicar o meu futuro a encontrar plantas que sejam eficazes no combate às epidemias. Vou ajudar o mundo a ser melhor."

Magnético [11 ANOS]

Faixa de Gaza, Palestina

19 DE MAIO DE 2020

Magnético, por ter tanto orgulho do pai, quer ser médico quando crescer. Ele disse ter medo de duas coisas: da guerra e do coronavírus.

"Quando levaram meu pai para o hospital, a casa ficou triste e eu chorei muito, mas minha mãe me tranquilizou. Conversamos sobre como ser médico fez do meu pai um herói. Ele foi um dos primeiros a defender todos nós contra essa doença. Eu estava com muito medo e não me acalmei até que ele melhorasse. Meu pai voltou para nós com boa saúde. Ele nos falou do perigo do vírus e disse que a prevenção e a permanência em casa são proteções para nós, para o país e para todo mundo."

Dolores [13 ANOS]

Medellín, Colômbia

24 DE JULHO DE 2020

Dolores vive na Comuna 13 desde os 5 anos e é muito amiga do Candelário. Antes da pandemia, estudava dança. Ela quer ser o cisne negro no balé clássico *O lago dos cisnes*. Passa os dias na frente do espelho fazendo piruetas e treinando o equilíbrio na ponta dos pés.

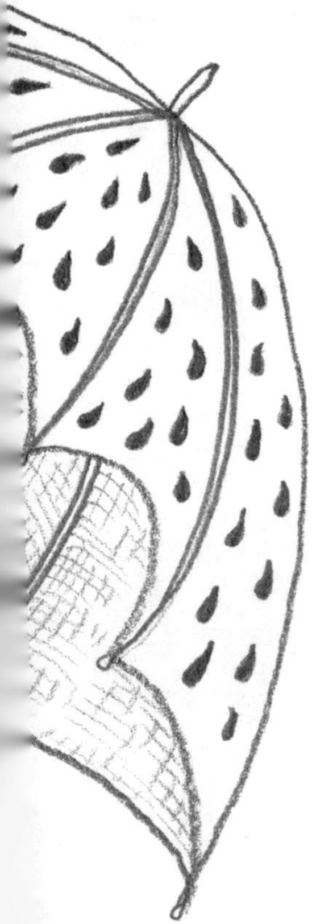

"Antes da pandemia, eu fazia balé e jogava futebol. Também ajudava o Johnny, marido da minha mãe, a vender os bonecos de pano que ele faz para os turistas.

Quando acabar isso tudo, acho que cada um de nós terá uma placa no corpo. Eu imagino que essa plaquinha deva estar pendurada no pescoço com três cores: verde para quem já está livre do vírus, vermelha indicando quem ainda corre perigo e amarela para os mais velhos, como um aviso de que ainda podem ser infectados.

Acho que as casas vão ter que ser embaladas com algum material transparente para evitar o ataque do vírus. E nós iremos para a escola vestidos como astronautas: máscara, luvas e sapatos especiais. Aliás, para o resto da vida vamos usar roupas especiais.

Nunca mais vamos poder tocar outras pessoas, e o futebol só vou poder jogar quando todos estiverem usando a plaquinha verde. Mas, se criarem uma vacina poderosa, tudo isso vira página de livro imaginário. Eu vou ser bailarina famosa e dançar no Teatro Municipal de Bogotá como cisne negro."

Danilo [9 ANOS]

Raanana, Israel

17 DE MAIO DE 2020

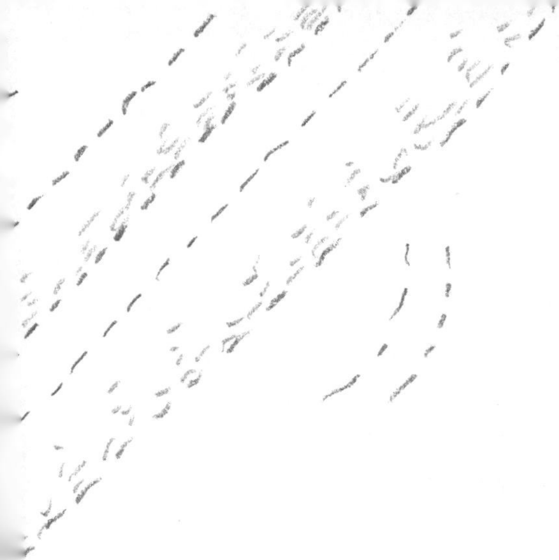

Danilo se sentiu muito angustiado com as regras do isolamento social em Israel, que o impediram de encontrar os amigos.

"Estou triste e assustado. Triste porque algumas pessoas morrem. E assustado porque, quando começou o corona, ninguém sabia se podia tocar em algum lugar ou não, e daí você tocava e não sabia se estava doente. E não podia beijar ou abraçar.

É difícil não poder visitar a vovó e o vovô. E é muito triste essa situação, por isso é preciso se cuidar e ficar bem!

Tem que lavar as mãos, passar álcool em gel e colocar a máscara sempre que a gente for para a rua. Eu fico nervoso porque tenho que fazer sempre a mesma coisa o tempo inteiro."

André [9 ANOS]

Raanana, Israel

17 DE MAIO DE 2020

O que atrai André é a liberdade. Seu sonho é poder jogar no computador sem ter hora para terminar. Não gosta que o atrapalhem ou o desconcentrem.

"Eu gostei muito da quarentena porque não precisei ir pra escola e pude ficar mais tempo com o meu pai e o meu irmão. Não senti nadinha de medo e entendi bem que todo mundo precisa usar máscara.

Comi demais. A mamãe sempre faz coisa gostosa, como pipoca doce e tapioca.

Passo bastante tempo jogando videogame com meus amigos. Não gosto muito de dormir cedo.

O que eu não gosto da quarentena: ouvir a mamãe me mandando ir tomar banho e escovar os dentes o dia todo. Não gosto de acordar para as aulas on-line nem de a mamãe ficar gritando para lavar as mãos a toda hora, prefiro usar o álcool em gel.

Sinto falta de ir à casa dos meus amigos para brincar e sinto muita saudade deles."

LE AMICI
COME FARE
ANIMA
L'STORIA
L'STORIA

Iara [12 ANOS]

Florença, Itália

25 DE SETEMBRO DE 2020

Vaidosa, divertida e às vezes geniosa, Iara tem um olhar curioso e é atenta a tudo ao seu redor. Ela é irmã de Genna e Pietro, seu gêmeo. O depoimento abaixo foi escrito depois da volta às aulas.

"Quando eu voltei pra escola, estava mal. Não podia abraçar os meus colegas nem as professoras. Um pouco triste isso.

Durante o isolamento, muitos livros ficaram na escola, porque o fechamento foi repentino. Eu usei os livros do meu irmão porque não pude pegar os meus.

No começo, gostei, foi fantástico, depois foi triste. Era complicado usar o computador, só temos um e tive que dividi-lo com meus irmãos.

Quando voltamos para o colégio, quatro meses depois, desinfetaram tudo, tiraram os livros que estavam debaixo da mesa, e muitas crianças perderam seus materiais escolares e objetos pessoais. Agora as janelas têm que estar abertas e todos nós usamos máscaras. É tudo muito confuso.

As máscaras têm uns fios que incomodam, não gosto de usá-las."

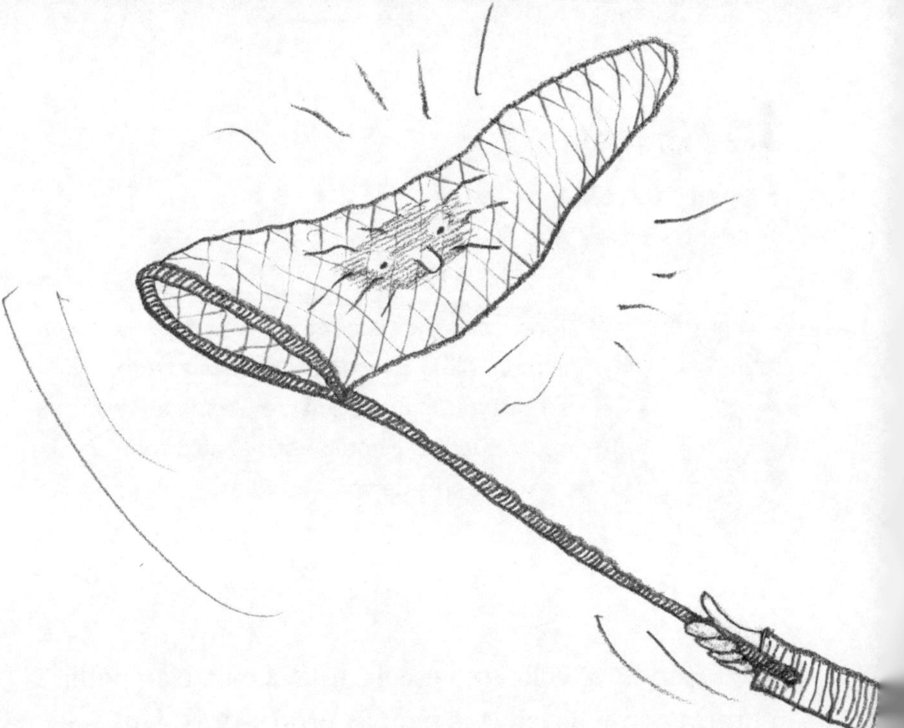

“Pra mim, o coronavírus é uma coisa tão grande, mas tão grande, que inventou a quarentena pra que ninguém saísse de casa.

Usar máscara dá uma sensação muito ruim, fico sem ar. Antes de tudo isso, eu ia ao clube, à piscina, jogava basquete e passeava no parque, e também brincava muito em casa.

Se esse vírus fosse um bicho, com certeza seria uma minimosca.

Eu acho que quando tudo isso acabar o mundo será de abraços, cumprimentos com a mão. O futuro vai ser com muita gente conversando na praça.

Eu queria criar um spray pra matar o vírus e salvar o mundo inteiro.”

Miguel [7 ANOS]

Poços de Caldas (MG), Brasil

29 DE SETEMBRO DE 2020

Miguel quer ser jogador de futebol quando crescer. Hoje, seu passatempo predileto é brincar com os jogos que o pai tem no celular. Antes da pandemia, era ir à praça jogar futebol.

Ana Luisa [7 ANOS]

Petrópolis (RJ), Brasil

28 DE SETEMBRO DE 2020

Ana Luisa nasceu no Vale do Cuiabá, região serrana do estado do Rio de Janeiro. Tem jeito para desenhar e inventar muitas histórias. Com o isolamento, ela sofreu por não poder reencontrar as amigas e frequentar a escola. As aulas passaram a ser transmitidas por uma rede social e acompanhadas pelo celular.

"Eu criei uma super-heroína chamada Fênix. Ela ama salvar a humanidade do vírus. Vai ajudar nesse tempo de pandemia lutando para o coronavírus sair do Brasil e do mundo todo. Fênix possui três poderes: teletransporte através das sombras, telepatia e o poder de ler a mente de todos os seres vivos. Quando termina de salvar o mundo, ela faz as obrigações, que são: ajudar sua mãe nas tarefas domésticas e estudar com muita dedicação."

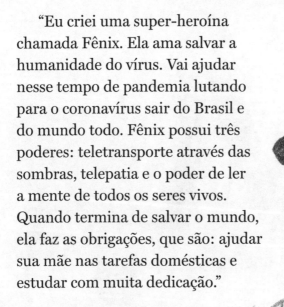

Esther [12 ANOS]

Gotemburgo, Suécia

7 DE JUNHO DE 2020

Esther é muito envergonhada e fala quase sussurrando. Sabe espanhol e sonha em conhecer o Brasil.

“Pra mim, o vírus é igual a um mosquito. Em muitos países, os mosquitos contaminam as pessoas. A pessoa pode ter o vírus sem saber, e os sintomas aparecerem depois de alguns dias, semanas mais tarde.

Com o coronavírus muitos lugares fecharam e muitas viagens foram canceladas. Eu mesma ia para a Grécia com a minha família. Ainda assim tem seu lado positivo, porque as pessoas não estão usando carro, o que é bom para o meio ambiente.”

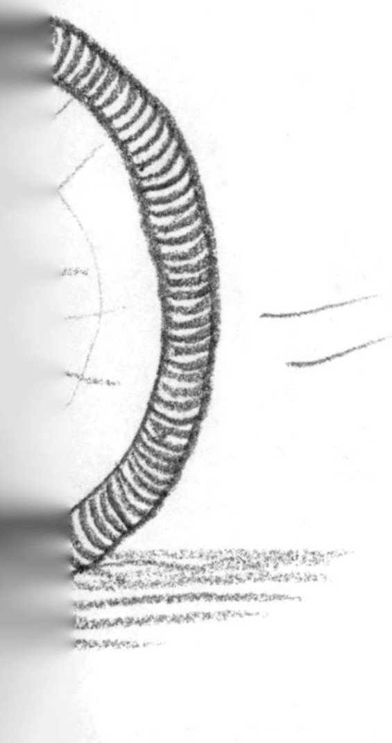

Mario [7 ANOS]

Petrópolis (RJ), Brasil

28 DE SETEMBRO DE 2020

Os dias de Mario na pandemia não foram fáceis. Ele perdeu a avó e o pai na batalha contra o vírus. Os dois foram contaminados na festa de aniversário do tio. Com as aulas suspensas, o menino passa os dias brincando com uma capa colorida amarrada no pescoço, imaginando ser um super-herói.

"Descobri que tenho superpoderes. Para defender o mundo contra o mal, uso o meu poder congelante. E agora vou salvar o mundo inteiro usando meu poder para congelar o coronavírus! Nenhum mal acontecerá mais, pois salvarei o mundo de todos os vilões e voltaremos à nossa vida normal."

Giulia [9 ANOS]

Rio de Janeiro (RJ), Brasil

15 DE MAIO DE 2020

Giulia mora na comunidade do Pereirão e, durante a pandemia, ganhou uma cachorra que batizou de Panquequinha. Vendo vídeos na internet, no isolamento aprendeu a fazer bolos de chocolate deliciosos.

"Estou achando a quarentena muito chata, mas fico brincando com a Panquequinha. A gente não pode brincar com os amigos. A Panquequinha é a minha cachorra, minha companheira. Eu também vejo filmes com minha mãe, vejo as minhas séries, quando estou sozinha tento soltar pipas, brinco de Barbie, ando de patins dentro de casa. Vou à casa da vovó e aprendi a fazer bolos e biscoitos. Falo com as minhas amigas pelo WhatsApp e rezo para que tudo isso passe e a gente não pegue esse vírus horroroso que está aqui."

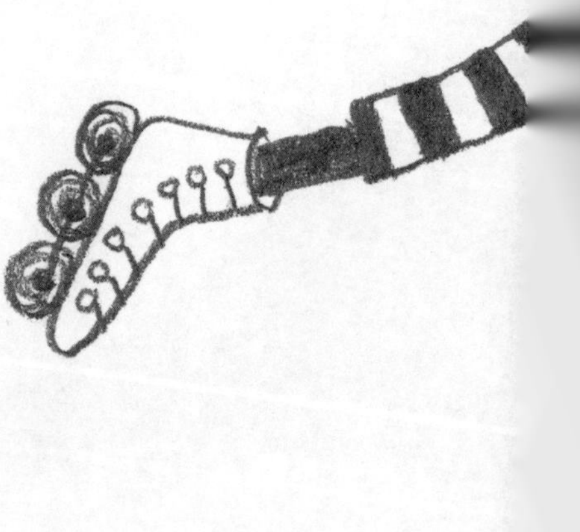

Tamires [9 ANOS]

Petrópolis (RJ), Brasil

11 DE NOVEMBRO DE 2020

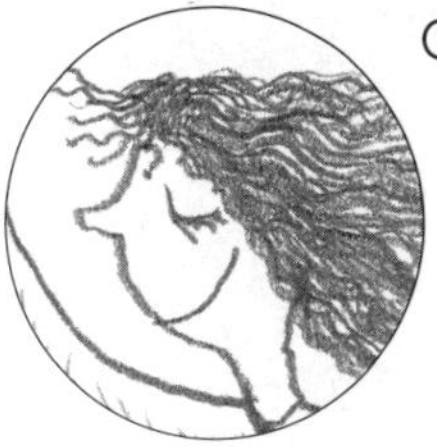

Quando crescer, Tamires quer ser escritora. Ela adora criar e narrar contos e pegar livros emprestados na biblioteca.

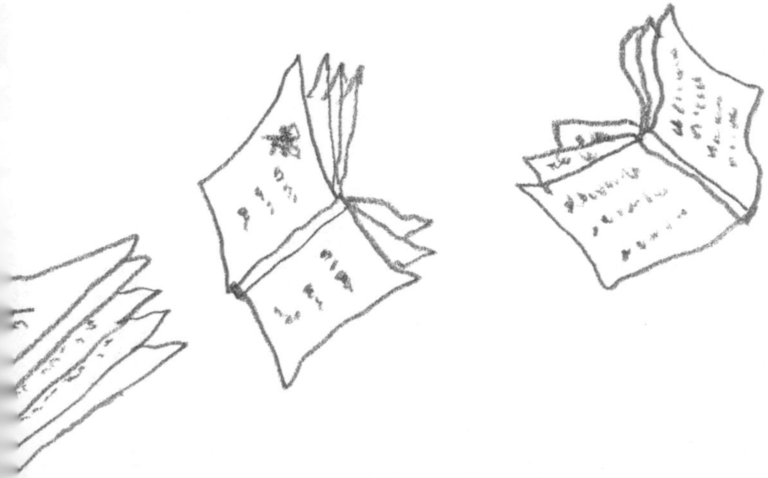

“Eu escrevi um diário sobre os meus sonhos. Ser criança é ter a liberdade de se expressar, poder brincar livremente. O que eu quero para o meu futuro é essa liberdade. Que eu possa respirar sem máscaras, que todo mundo possa ser vacinado e que o meu futuro seja igual ao da minha mãe: livre, com educação e saúde.

Agradeço o esforço dos médicos. Espero que todas as pessoas tenham direito à saúde pública gratuita.”

PRIMEIRO CASO: 03/03/2020
Dez dias depois, todos os estabelecimentos, escolas e áreas de lazer foram fechados, com reabertura gradual conforme os casos diminuíam. A vacinação da população começou em 2021.

PRIMEIRO CASO: 24/01/2020
Sete dias depois, o governo francês começou a distribuir máscaras para que a população se protegesse, além de multar quem saísse de casa sem motivo.

PRIMEIRO CASO: 30/01/2020
O país foi um dos mais atingidos da Europa. Por isso, o governo italiano decretou toque de recolher e estabeleceu multas a quem saísse na rua sem justificativa.

PRIMEIRO CASO: 31/01/2020
O país não fez isolamento e contou com a responsabilidade da população para controlar o vírus. Em 2020, a taxa de infectados foi a maior entre todos os países nórdicos.

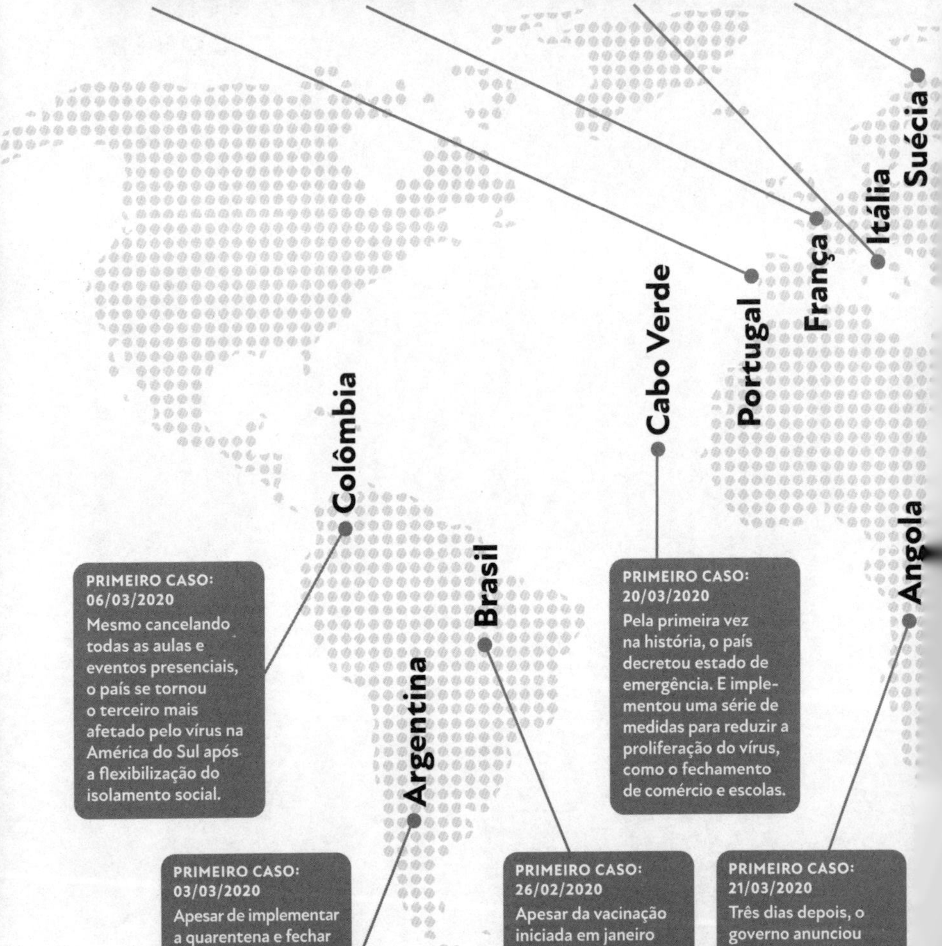

PRIMEIRO CASO: 06/03/2020
Mesmo cancelando todas as aulas e eventos presenciais, o país se tornou o terceiro mais afetado pelo vírus na América do Sul após a flexibilização do isolamento social.

PRIMEIRO CASO: 20/03/2020
Pela primeira vez na história, o país decretou estado de emergência. E implementou uma série de medidas para reduzir a proliferação do vírus, como o fechamento de comércio e escolas.

PRIMEIRO CASO: 03/03/2020
Apesar de implementar a quarentena e fechar as fronteiras, no início de 2021 uma nova onda de infecções fez da Argentina o segundo país mais afetado da América do Sul.

PRIMEIRO CASO: 26/02/2020
Apesar da vacinação iniciada em janeiro de 2021, em março o país ainda registrava recordes de infecções, sendo o segundo país do mundo com mais mortes causadas pela doença.

PRIMEIRO CASO: 21/03/2020
Três dias depois, o governo anunciou medidas para conter a propagação do vírus, como o fechamento das fronteiras do país e a suspensão das aulas em escolas e universidades.

PRIMEIRO CASO: 21/02/2020
O governo impôs regras severas para limitar a propagação do vírus, e sua campanha de vacinação, que começou em 20 de dezembro de 2020, foi uma das mais eficientes no mundo.

PRIMEIRO CASO NO MUNDO, EM DEZEMBRO DE 2019, a China informou a Organização Mundial da Saúde sobre uma doença desconhecida no dia 31 do mesmo mês. Semanas depois, com o novo coronavírus identificado, houve *lockdowns* e acompanhamentos rigorosos dos casos.

MEDIDAS CONTRA A COVID*

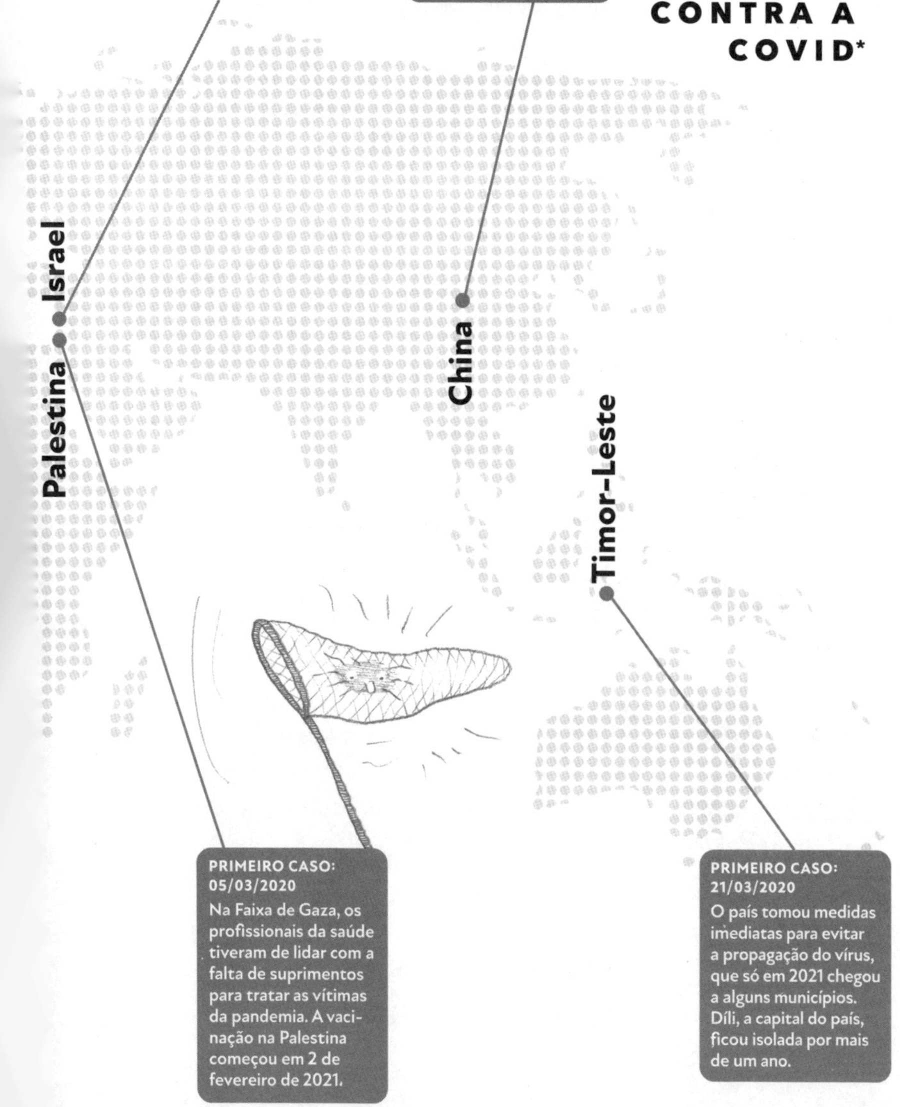

PRIMEIRO CASO: 05/03/2020
Na Faixa de Gaza, os profissionais da saúde tiveram de lidar com a falta de suprimentos para tratar as vítimas da pandemia. A vacinação na Palestina começou em 2 de fevereiro de 2021.

PRIMEIRO CASO: 21/03/2020
O país tomou medidas imediatas para evitar a propagação do vírus, que só em 2021 chegou a alguns municípios. Díli, a capital do país, ficou isolada por mais de um ano.

* Ver as fontes dos dados apresentados na pág. 92.

Os dados apresentados no mapa foram retirados das seguintes fontes:

ANGOLA

UNICEF. "Angola COVID-19 Situation Report No.5". Disponível em: <https://reliefweb.int/sites/reliefweb.int/files/resources/UNICEF%20Angola%20COVID-19%20Situation%20Report%20No.%205%20-%2027%20July%20-%2018%20August%202020.pdf>. Acesso em: 26 maio 2021.

ARGENTINA

OMS. "ARGENTINA: Prioritizing health for a swift and effective COVID-19 response despite economic fragility and substantial inequalities". Disponível em: <https://www.who.int/docs/default-source/coronaviruse/country-case-studies/argentina-c19-case-study-20-may.pdf>. Acesso em: 26 maio 2021.

BRASIL

Pinheiro, Chloé; Ruprecht, Theo. "Coronavírus: primeiro caso é confirmado no Brasil. O que fazer agora?". *Veja Saúde*, 18 ago. 2020. Disponível em: <https://saude.abril.com.br/medicina/coronavirus-primeiro-caso-brasil/>. Acesso em: 26 maio 2021.

CABO VERDE

Governo de Cabo Verde. "COVID-19: Governo reforça capacidade de resposta a nível da saúde na ilha de Boa Vista". Disponível em: <https://www.governo.cv/covid-19-governo-reforca-capacidade-de-resposta-a-nivel-da-saude-na-ilha-de-boa-vista/>. Acesso em: 26 maio 2021.

CHINA

OMS. "RELATÓRIO DE SITUAÇÃO DA OMS". Disponível em: <https://portalarquivos2.saude.gov.br/images/pdf/2020/janeiro/22/novo-coronavirus-resumo-e-traducao-oms-22jan20-nucom.pdf>. Acesso em: 26 maio 2021.

COLÔMBIA

Ministerio de Salud y Protección Social. "Colombia Confirms Its First Case of COVID-19". Disponível em: <https://www.minsalud.gov.co/English/Paginas/Colombia-Confirms-Its-First-Case-of-COVID-19.aspx>. Acesso em: 26 maio 2021.

FRANÇA

Breeden, Aurelien; Nossiter, Adam. "Corona Virus May Have Been In France A Month Before Previously Thought". *The New York Times*. Disponível em: <https://www.nytimes.com/2020/05/05/world/europe/france-coronavirus-timeline.html>. Acesso em: 26 maio 2021.

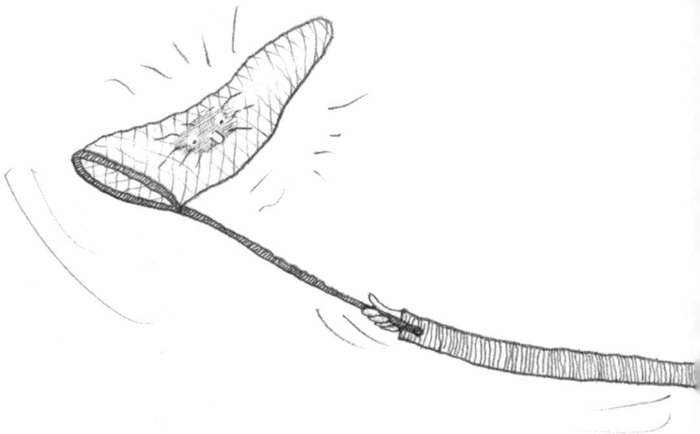

ISRAEL

Ministry of Health. "Coronavirus Update 17-20/2/20". Disponível em: <https://www.gov.il/en/departments/news/20022020-2>. Acesso em: 26 maio 2021.

ITÁLIA

Ministero della Salute. "Nuovo Coronavirus, Consiglio dei ministri dichiara stato d'emergenza". Disponível em: <https://www.salute.gov.it/portale/news/p3_2_1_1_1.jsp?lingua=italiano&menu=notizie&p=dalministero&id=4035>. Acesso em: 26 de maio 2021.

PALESTINA

El Batsh; Majeda. "Palestinians confirm 7 coronavirus cases, declare tourist ban". *Times of Israel*, 5 maio 2020. Disponível em: <https://www.timesofisrael.com/palestinians-confirm-7-coronavirus-cases-declare-tourist-ban/>. Acesso em: 26 maio 2021.

PORTUGAL

República Portuguesa. "Serviço Nacional de Saúde tem capacidade de resposta para um surto de coronavírus". Disponível em: <https://www.portugal.gov.pt/pt/gc22/comunicacao/noticia?i=servico-nacional-de-saude-tem-capacidade-de-resposta-para-um-surto-de-coronavirus>. Acesso em: 26 maio 2021.

SUÉCIA

Rolander, Niclas; Wilen, Anton. "Sweden Reports First Case of Confirmed Coronavirus". *Bloomberg*, 31 jan. 2020. Disponível em: <https://www.bloomberg.com/news/articles/2020-01-31/sweden-reports-first-case-of-confirmed-coronavirus>. Acesso em: 26 maio 2021.

TIMOR-LESTE

República Democrática de Timor-Leste. "First confirmed case of COVID-19 in Timor-Leste". Disponível em: <http://timor-leste.gov.tl/?p=23807&lang=en&n=1>. Acesso em: 26 maio 2021.

Meu nome é Luciana Savaget, sou brasileira e trabalho como jornalista e escritora. Tenho mais de 35 livros publicados, muitos traduzidos para o espanhol, o alemão e o árabe.

Eu escrevo com as linhas do imaginário tecidas pela emoção. Não consigo fazer nada que não esteja envolvido de entusiasmo.

Acredito que a arma contra qualquer conflito (interno ou externo) seja a palavra – uma arma que construímos cuidadosamente toda vez que escrevemos ou ouvimos histórias. O que seria de nós sem a leitura, sem o diálogo?

Meu nome é Olga Cuéllar, sou colombiana, formada em psicopedagogia, e trabalho como ilustradora desde os anos 1980.

Apaixonada pelo universo infantil, já ilustrei diversos livros para crianças, de autores de diversos países, e escrevi outros tantos, como a coleção *Los animales me enseñan* ("Os animais me ensinam"), para crianças pequenas, a série *Pesadillas de brujas* ("Pesadelos de bruxas"), que recebeu o prêmio de melhor capa pela Câmara Colombiana do Livro, *Saltarines* ("Saltitantes") e *Escondidas*, que integraram a lista de honra da IBBY, o conselho internacional de literatura para jovens.

Este livro foi impresso
pela Santa Marta,
em 2021, para a
HarperCollins Brasil.
O papel do miolo é
pólen bold 90g/m^2.